BEI GRIN MACHT SICH IHR WISSEN BEZAHLT

AF141911

- Wir veröffentlichen Ihre Hausarbeit, Bachelor- und Masterarbeit

- Ihr eigenes eBook und Buch - weltweit in allen wichtigen Shops

- Verdienen Sie an jedem Verkauf

Jetzt bei www.GRIN.com hochladen und kostenlos publizieren

Serverless Computing. Wofür braucht man das und wofür eignet es sich eher nicht?

Vanessa Kraiss

Bibliografische Information der Deutschen Nationalbibliothek:

Die Deutsche Nationalbibliothek verzeichnet diese Publikation in der Deutschen Nationalbibliografie; detaillierte bibliografische Daten sind im Internet über http://dnb.d-nb.de abrufbar.

ISBN: 9783346339461
Dieses Buch ist auch als E-Book erhältlich.

© GRIN Publishing GmbH
Nymphenburger Straße 86
80636 München

Druck und Bindung: Books on Demand GmbH, Norderstedt Germany
Gedruckt auf säurefreiem Papier aus verantwortungsvollen Quellen

Das Buch bei GRIN: https://www.grin.com/document/983504

Studienarbeit

Serverless Computing.

Wofür braucht man das und wofür eignet es

sich eher nicht?

Hochschule der Medien Stuttgart

Studiengang: Druck- und Medientechnologie

Name: Vanessa Kraiss

1 INHALTSVERZEICHNIS

2 EINLEITUNG

In diesem Dokument wird die Technologie hinter Serverless Computing erörtert. Es beginnt mit einer Einführung in die Konzepte des Serverless Computing, den Vor- und Nachteilen dieser Technologie und beschreibt, wofür serverlose Anwendungen üblicherweise eingesetzt werden. Am Ende werden wir den Inhalt dieses Dokuments kurz zusammenfassen und die Frage beantworten „Wofür man Serverless Computing braucht und wofür es sich eher nicht eignet".

3 WAS IST SERVERLESS COMPUTING?

Serverloses Computing ist ein Ausführungsmodell für die Cloud, bei dem nur genau so viel Rechenressourcen und Speicherplatz dynamisch zugewiesen wird, wie zur Ausführung eines Codes benötigt wird. Dieser Vorgang wird auf einem von dem Cloud-Anbieter gewarteten Server ausgeführt. Serverless Computing ist also nicht tatsächlich Serverless. Der Begriff Serverless wird in dem Kontext nur benutzt, da der Cloud- Anbieter, der eine Serverless Computing Struktur hostet, die Bereitstellung und Wartung vollständig übernimmt. Natürlich sind immer noch Server beteiligt, aber nicht eigene, sondern die Server des Anbieters. Aus der Sicht des Entwicklerteams, das den Code schreibt und einsetzt, gibt es keine Server da Sie die Server nicht verwalten müssen und denn Code einfach bei ihrem Provider hochladen.

Wie Entwickler Mike Roberts (Roberts, 2018).erklärt, wurde der Begriff zuerst für so genannte Backend-as-a-Service Anwendungen (BaaS) verwendet, bei denen eine mobile Anwendung eine Verbindung zu einem vollständig in der Cloud gehosteten Back-End-Server herstellt. Wenn heute jedoch von serverlosem Computing oder einer serverlosen Architektur gesprochen wird, dann sind damit Funktions-as-a-Service-Anwendungen (FaaS) gemeint, bei denen ein Kunde Code schreibt, der nur die Geschäftslogik beinhält, und diesen zu einem Provider hochlädt.

In der Folgenden Arbeit wird, wenn von Serverless Computing Anwendungen bzw. Providern gesprochen wird, primär von Anwendungen die Rede sein, die auf dem FaaS Prinzip bestehen. Da BaaS und FaaS jedoch in ihren Betriebseigenschaften miteinander verbunden sind werden sie oft in Kombination genutzt. Die meisten der großen Cloud Anbieter bieten „Serverless Portfolios" an die die sowohl BaaS- als auch FaaS-Produkte umfassen, beispielsweise Amazons Serverless Anwendung AWS Lambda.

3.1 Definition und Merkmal

Es gibt keine formale Definition für das Konzept des Serverless Computing. Da es verschiedene Serverless Computing Dienste gibt werden im Folgenden die gängigsten (Chaudhary S., 2017 S. 3))anerkannten Dienste aufgezählt und besprochen.

3.1.1   Definition

3.1.1.1   Function as a Service

FaaS ist eine Entwicklung im Bereich des Cloud Computing, AWS erfand dieses Konzept mit ihrem Lambda-Angebot im Dezember 2014, dann kündigten Azure und Google in Form von Google Cloud Functions und Microsoft Azure Functions im Jahr 2016 an.

Function as a Service ist ein Cloud-Computing-Dienst, der dem Kunden eine Plattform bietet, um Anwendungen zu entwickeln, auszuführen und zu verwalten. Dies ohne sich dabei mit dem komplexen Aufbau oder der Wartung einer dazugehörige Infrastruktur beschäftigen zu müssen. Damit fällt die mit der Serverseitigen Infrastruktur zusammenhängende Entwicklung und Einführung einer Anwendung für den Entwickler komplett weg.

FaaS ist ein eventgesteuerter Lösungsansatz für das Serverless Computing. In einer Traditionellen monolithischen serverseitigen Anwendung werden mehreren Operationen in einer einzelnen Entity eingesetzt. Bei FaaS sind die Operationen nicht gebündelt, sondern werden als einzelne Functions, eine nach der anderen, auf eine von einem Anbieter bereitgestellte FaaS-Plattform hochgeladen.

Diese Funktionen sind in einem Serverprozess jedoch nicht kontinuierlich aktiv sondern bleiben inaktiv, bis sie ausgeführt werden müssen. Die FaaS-Plattform ist so konfiguriert, dass sie für jeden Vorgang auf ein bestimmtes Ereignis reagiert. Wenn dieses Ereignis eintritt, initiiert die Anbieterplattform die Funktion und ruft damit zum auslösenden Event auf. Sobald die Ausführung der Funktion beendet ist, kann die FaaS-Plattform abgebrochen werden.

3.1.1.2   Backup as a Service

Backup as a Service (BaaS) ist eine moderne Alternative zu traditionellen Datensicherungsansätzen. Bei BaaS ist ein Cloud-Computing-Dienst der sich mit dem Backup, der Wiederherstellung, Authentifizierung oder Benachrichtigung einer Anwendung befasst. Anstatt interne Datensicherungslösungen aufzubauen und zu warten, kaufen Unternehmen Backup- und Wiederherstellungsdienste von Cloud-basierten Anbietern. Damit wird die Ausführung und

Verwaltung der Datensicherung an den Anbieter abgegeben. Sowohl BaaS als auch FaaS erfordern keine Ressourcen oder Management von den Kunden.

3.1.1.3 Microservices

Eine Anwendung, die aus Microservices besteht, führt lose miteinander gekoppelte Dienste, Microservices genannt, aus. Diese können dann unabhängig voneinander entwickelt, eingesetzt und gewartet werden. Jeder dieser Dienste ist für eine bestimmte, abgeschlossene Aufgabe zuständig und kann über einfache APIs mit anderen Diensten kommunizieren, um eine größere Anwendung zu bilden. Microservices erlauben eine einfache Skalierung bei punktuellen Auslastungsspitzen.

3.1.2 Merkmale

Um als Serverless Computing Service zu qualifizieren muss Ein Anbieter die folgenden Merkmale besitzen.Die vom Anbieter bereitgestellte Serverless Computing Plattform verwaltet, wie bereits erwähnt die Infrastruktur der Server. Zur Infrastruktur gehört das Betriebssystem, das Netzwerk , die Speicherkapazität, virtuelle und Physikalischen Umgebungen des Servers. Der Anbieter sollte automatische Skalierung anbieten bei dem die für die Anwendung benötigten Ressourcen nach Bedarf zur Verfügung gestellt werden. Die Preisberechnung der Plattform sollte darauf basieren wie viele Ressourcen der Kunde tatsächlich genutzt hat.

3.2 SERVERLESS COMPUTING ANBIETER

3.2.1 AWS Lambda

Das allgemeine Konzept des Serverless Computing wurde von Amazon Web Services (AWS) um 2014 mit der Veröffentlichung von AWS Lambda [1] (Vgl. Roberts) auf den Markt gebracht. Amazon hatte einen Vorsprung von zwei Jahren bis die nächste Cloud Computing Software auf denn Markt kam. Damit war es nur natürlich, dass AWS Lambda die Serverless Computing Landschaft dominiert.

Durch die frühe Markteinführung gelang es AWS Lambda vor der Konkurrenz eine große Entwicklergemeinde mit dem System vertraut zu machen und ein breites Spektrum von Anwendungsfällen abzudecken.

AWS Lambda ist ein Serverless Computing Dienst, der Code als Reaktion auf Ereignisse ausführt und die zugrunde liegenden Rechenressourcen automatisch verwaltet. AWS Lambda kann dazu verwendet werden, um andere AWS-Dienste mit benutzerdefinierter Logik zu erweitern oder eigene Back-End-Dienste zu erstellen. (Amazon)

Zum jetzigen Zeitpunkt unterstützt AWS Lambda Code, der in JavaScript, Node.js, Python, Java und C# geschrieben wurde. Lambda bietet API-Operationen an, mit denen Lambda-Funktionen mit Hilfe eines Deployment-Pakets erstellt und aktualisiert werden können. Diese werden in einer ZIP-Datei auf die Konsole hochgeladen oder in der Konsole selbst bearbeitet.

Zurzeit begrenzt AWS Lambda die Gesamtzahl der gleichzeitigen Ausführungen von Funktionen innerhalb einer bestimmten Region auf 1000. Das gleichzeitige Ausführen von Functions kann auf zwei Arten gesteuert werden, auf einzelner Funktionsebenen und auf Kontoebene. Außerdem beträgt die maximale Funktionsausführungszeit 900 Sekunden oder 15 Minuten.

AWS Lambda unterstützt die dynamische Skalierbarkeit als Reaktion auf erhöhten Datenverkehr. Was jedoch von einer Begrenzung der gleichzeitigen Ausführung auf Ebene einzelner Konten eingeschränkt wird.

3.2.2   Google Functions

Google Cloud Functions wurde 2017 als Beta-Version und 2018 zur allgemeinen Verfügbarkeit veröffentlicht. Das Angebot von Google hinkte etwa vier Jahre hinterher, hat es aber in vielerlei Hinsicht geschafft aufzuholen.

Google Cloud Functions ist eine Serverless Computing Umgebung für den Aufbau und die Verbindung von Cloud-Diensten. Mit Cloud Functions können einfache, zweckgebundene Funktionen geschrieben werden, die mit Ereignissen, die von der Cloud-Infrastruktur und deren Services ausgelöst werden, verknüpft sind. Die Funktion wird ausgelöst, wenn ein beobachtetes Ereignis ausgelöst wird.

Bei Google Cloud Functions variiert die Ausführung der Funktionen je nach dem welche Programmiersprache gewählt wurde. Derzeit werden Node.js 6, Node.js 7 und Python 3.7 unterstützt. Je nach ausgewählter Sprache werden diese Funktionen durch CLI, Zip-Upload, Inline-Webeditor, Cloud-Storage und Cloud-Storage-Repositories bereitgestellt.

Mit Google Cloud Functions gibt es keine Einschränkung für gleichzeitige HTTP-Aufrufe. Für andere Arten von Aufrufen beträgt die maximale Anzahl gleichzeitiger Funktionsanfragen 1000. Im Gegensatz zu anderen Dienstanbietern beträgt die maximale Ausführungszeit jedoch standardmäßig 60 Sekunden, die optional auf 540 Sekunden oder 9 Minuten erhöht werden kann. (Google, 2020)

Ein wichtiger Unterschied zwischen AWS und Google Cloud Functions besteht darin, dass die Parallelität bei AWS auf Kontoebene, bei Cloud Functions jedoch auf Projektebene gemessen wird.

Beispielsweise könnten man theoretisch 10 Funktionen mit jeweils 1.000 gleichzeitigen Ausführungen auf Cloud Functions haben, während man auf AWS nur eine solche Funktion ausführen könnte.

Bei Google Functions wird alles automatisch skaliert, allerdings skalieren sowohl Hintergrundfunktionen als auch Funktionen mit längerer Ausführungsdauer langsamer.

3.2.3   Microsoft Azure Functions

Microsoft Azure Functions wurde im Jahr 2016 eingeführt. Azure Functions ermöglicht es Entwicklern, serverlose Anwendungen auf Microsoft Azure zu erstellen.

Azure Functions ist ein ereignisgesteuertes System, die die bestehende Azure-Anwendungsplattform um die Möglichkeit erweitert, Code zu implementieren, der durch Ereignisse ausgelöst wird, die in Azure- oder Drittanbietersystemen sowie in Systemen vor Ort auftreten.(vgl (Azure Microsoft, 2020))

Wie bei den anderen "serverlosen" Lösungen muss sich der Entwickler mit Azure nicht mehr um das Schreiben einer ganzen Anwendung oder deren Infrastruktur kümmern, sondern nur noch den Code schreiben, der auf ein bestimmtes Ereignis reagieren soll.

Azure Functions unterstützt die Sprachen, C#, F#, Python, Java, Node.js, Python und PHP. Im Gegensatz zu AWS Lambda bietet Azure Functions mehrere Optionen für die Implementierung von Functions, wie z. B. GitHub, DropBox, Visual Studio, Kudu-Konsole, Bereitstellung durch ZIP und One Drive.

Bei Microsoft können mehrere Azure-Functions gleichzeitig ausgeführt werden, vorausgesetzt diese befinden sich innerhalb einer einzigen Anwendungsinstanz, die keine Begrenzung hat. Die Anzahl der gleichzeitigen Ausführung von Aktivitäten und Orchestrierungsfunktionen ist auf das 10-fache der Anzahl der Kerne auf der Virtuellen Maschine begrenzt. Wie bei AWS Lambda gibt es auch hier ein Ausführungszeitlimit von 300 Sekunden, das je nach des Nutzungsplan auf 600 Sekunden erweitert werden kann.

Bei Microsoft Azure Functions hängt die Skalierbarkeit der Anwendung vom Nutzungsmodell ab. In einem Modell ist die Skalierung automatisch, wenn die Ausführung einer Funktion nach einer konfigurierbaren Zeitspanne ausläuft. Im anderen Modell, dem App-Service-Plan wird jede Funktionsanwendung einer oder mehreren spezifischen VMs zugeordnet. Wenn die Anzahl der bereitgestellten VMs nicht ausreicht, muss manuell eingegriffen werden.

4 VOR UND NACHTEILE VON SERVERLESS COMPUTING

4.1 VORTEILE VON SERVERLESS COMPUTING

4.1.1 Einsatz und Wartung

Die automatische Skalierung von Serverless Computing Anwendungen ist mitunter der Hauptgrund warum viele Entwickler und Firmen von monolithischen Anwendungen auf FaaS umsteigen. Bei Serverless geht es darum, dass die Anwender sich nicht um die eigenen Server-Prozesse kümmern müssen, sondern nur um die Geschäftslogik und den Zustand der Anwendung.

Der erste offensichtliche Vorteil ist, dass es weniger Arbeit bei den Operationen gibt. Die Wartung von Betriebssystemen, Patch-Level, Datenbankversions-Upgrades usw. werden alle durch die Serverless Computing Plattform verwaltet. Bei BaaS-Datenbanken werden auch Infrastrukturen wie Objektspeicher und „Message Bus" vom Anbieter übernommen. Ein Message-Bus ist eine Messaging-Infrastruktur, die es verschiedenen Systemen ermöglicht, über einen gemeinsamen Satz von Schnittstellen (Message-Bus) zu kommunizieren.

Ein BaaS-Dienst, der ebenfalls häufig genutzt wird, ist der Authentifizierungsdienst. Insgesamt muss weniger Code definiert, entwickelt, getestet, bereitgestellt und betreiben werden, was Zeit und Kosten für die Entwicklung spart.

FaaS bietet ebenfalls erhebliche Wartungsvorteile gegenüber einem traditionellen Ansatz. Die Software-Entwicklung mit FaaS wird vereinfacht, da ein Großteil des infrastrukturellen Codes auf die Plattform ausgelagert wird. Ein Beispiel hierfür ist die Entwicklung von HTTP-API-Diensten - hier wird die gesamte Anfrage- und Antwortverarbeitung auf HTTP-Ebene vom API-Gateway übernommen. .vgl (Roberts, 2018)

Die Bereitstellung mit FaaS ist einfacher, da nur grundlegende Code-Einheiten hochgeladen werden - ZIP-Dateien des Quellcodes im Falle von Javascript oder Python und einfache JAR-Dateien im Falle von JVM-basierten Sprachen. Es sind keine Puppet-, Chef-, Ansible- oder Docker-Konfigurationen zu verwalten.

4.1.2 Skalierbarkeit

Der große Vorteil von Serverless im Bereich der Skalierung ist, dass keine Ressourcen geplant, zugewiesen oder bereitgestellt werden müssen. Der Anbieter des Diensts stellt genau die Menge an Kapazität bereit, die zu jedem Zeitpunkt benötigt wird. Wenn die Anwendung keine oder wenig Auslastung hat werden keine oder wenig Rechenressourcen verbraucht, und es fallen somit auch keine oder wenig Kosten an. Bei einer Anwendung, die nur einen Verbrauch von 1 GB an Daten hat, wird nicht die Kapazität benötigt um 100 GB zu speichern.

Der Dienst skaliert sich automatisch je nach Bedarf, was gleichermaßen für FaaS- und BaaS-Dienste gilt. Bei der Anwendung von Serverless Computing Diensten besteht nicht die Gefahr, eine Überdimensionierte Serverstruktur aufzubauen, die nie effektiv genutzt wird. Der genaue Zuschnitt auf die wechselnden Ressourcenbedürfnisse verhindert Überkapazitäten und zu hohe Kosten für die Bereitstellung einer nie oder nur selten genutzten Infrastruktur.

Bei AWS Lambda zum Beispiel wird, wenn auf der Plattform ein Event ausgelöst wird, eine Funktion ausgelöst, die einen Container startet, der einen vom Anwender geschriebenen Code ausführt, der eine Funktion ausführt. Während dieses Event noch verarbeitet wird kann parallel dazu ein weiteres Event ausgelöst werden, das dann eine zweite Instanz dieser Funktion ausführt. Diese automatische horizontale Skalierung wird fortgesetzt, bis Lambda genügend Instanzen des Codes ausführt, um die Anfragelast zu bewältigen.

Amazon berechnet seinen Kunden dabei nicht, wie viele Container gestartet werden mussten, sondern wie lange der Code ausgeführt wird. Das heißt das zum Beispiel es genau so viel kostet, einen Lambda Service 100 Mal in einem Container nacheinander aufzurufen, wie es kostet, in einem Lambda Service 100 Mal gleichzeitig 100 verschiedene Container aufzurufen. Vorausgesetzt die Ausführungszeit insgesamt ist über alle Ereignisse hinweg gleich.

4.1.2.1 Unendliche Skalierung

Wie reagiert jetzt aber Amazon wenn jemand absichtlich einen Denial-of-Service-Angriff (DoS-Angriff) auf eine Lambda-Anwendung durchführt. Bei einem DoS erlebt der Server einen sehr hohen Datenfluss, der dafür sorgen soll, dass der Server abstürzt oder zumindest die Serverleistung stark beeinträchtigt wird. Wenn solch ein DoS auf eine AWS Anwendung gestartet wird, werden jedoch nicht Zehntausende von Containern gestartet. Dies würde unter anderem sehr schnell sehr teuer werden, und es würde sich auch negativ auf andere Benutzer der AWS-Plattform auswirken.

Stattdessen setzt Amazon ein Limit für gleichzeitig ausgeführte Container, es werden also nur bis zu einer maximalen Anzahl von Lambda-Containern über ein AWS-Konto skaliert. Der Standardwert hierfür ist zum jetzigen Zeitpunkt eintausend gleichzeitige Ausführungen von Lambda-Funktionen. Das kann jedoch individuell später angepasst werden.

4.1.3   Green Computing

Der Klimawandel ist ein Faktor, den man in der heutigen Zeit auch in der Softwareentwicklung dazuzählen muss. Weshalb sich viele Firmen Gedanken darüber machen müssen, nachhaltiger zu werden. Eine Möglichkeit nachhaltig zu werden, ist der Verzicht auf Server.

Der Gebrauch von Serverless Computing stellt sicher, dass eine Organisation ihren Stromverbrauch durch sogenanntes „Ressource Sharing" verringert. Angesichts der Tatsache, dass 30 % der Server weltweit zu jedem Zeitpunkt ungenutzt sind und die meisten Server nur 5 bis 15 % ihrer Gesamtkapazität auslasten (Roberts, 2018), ist serverlos vielleicht der beste Weg, um umweltfreundlich zu arbeiten. Durch Ressourcenteilung in Form von Serverless Computing könnten die existierenden Sever effizienter und mit höherer Auslastung genutzt werden. Letztlich stellt das serverlose Computing sicher, dass Organisationen nicht zu viel Strom verbrauchen.

Durch die Ressourcenteilung beim Serverless Computing müssten Firmen sich neue Rechenkapazität nur ankaufen, was natürlich umweltfreundlicher ist, wenn bestehende Infrastruktur genutzt werden kann. Wenn jedoch auch hier Rechenkapazität im großen Stil „gelagert wird", also viele Server ohne angemessenes Kapazitäten Management ungenutzt bleiben, ist Serverless Computing nicht direkt umweltfreundlicher. Der große Unterschied liegt eben darin, dass einzelne Unternehmen wie z.Bsp. Daimler nicht ihre eigenen Rechenzentren bauen und verwalten würden mit einer höheren Serverkapazität, als sie tatsächlich benötigen, sondern dass dies von dem FaaS Plattform Anbieter entschieden und verwaltet wird.

4.1.4   Kurze Einführungszeit

In der Softwareentwicklug sind stufenweise verkürzte Entwicklungszyklen durch Praktiken wie die kontinuierliche Lieferung von Softwareupdates und automatisierte Tests wichtige Aspekte. Es reicht aber bei der Einführung von innovativen Anwendungen aber nicht aus, nur kurze Entwicklungszyklen zu haben, man braucht auch eine kurze Vorlaufzeit. Unter Vorlaufzeit versteht man die Zeit von der Konzeption eines neuen Produkts oder einer neuen Funktion bis zu ihrer Einbringung in eine Produktionsumgebung,

Da Serverless viele komplexe Aspekte bei der Erstellung, des Einsatzes und des Betriebs von Anwendungen entfernt, ändert sich die Art, mit der das Softwareprodukt geliefert werden kann.

Da ein recht großer Teil der komplexen Server Infrastruktur wegfällt, ist es nicht mehr nötig, dass sich erfahrene Ingenieure mit diesem Thema auseinandersetzen. Damit können auch Projekte in Angriff genommen werden, für die bei traditionellen Serverstruktur das Wissen fehlen würde, und es mitunter Monate dauern würde, die notwendigen Serverstrukturen von null aufzubauen.

4.2 Herausforderungen von Serverless Computing

Wie alle Technologien hat auch Serverless Computing ein paar Schwächen. Im folgenden Abschnitt werden solche besprochen, die einzig auf Serverless Computing zutreffen, und andere, die in der Technologie allgemein inbegriffen sind.

4.2.1 inbegriffene Einschränkungen

Einige der Einschränkungen von Serverless kommen einfach mit der Technologie, und sind leider unausweichlich. Dies sind inhärente Einschränkungen. Im Laufe der Zeit werden wir besser lernen, diese zu umgehen.

4.2.1.1 *Kein In-Server-Zustand*

Bei serverlosen Anwendungen kann die Verwaltung des Zustandes eine Herausforderung sein, da - außer bei Komponenten, die als Datenspeicher dienen - die meisten Serverless Komponenten praktisch zustandlos sind

Zustandslose Komponenten müssen per Definition mit anderen, zustandsbehafteten Komponenten interagieren, um Information zu erhalten. Diese Informationen sind jedoch oft nur während der unmittelbaren Lebensdauer der Komponenten verfügbar. Serverlose Komponenten können je nach Anbieter sehr unterschiedlich mit der Verwaltung von Informationen umgehen.

Die Zustandslosigkeit ist die Rege, jedoch gibt es insbesondere bei FaaS-Plattformen wie AWS Lambda spezifische Implementierungen, bei denen ein Zustand zwischen Funktionsaufrufen beibehalten wird. Je nach Plattform und Implementierung wird die Information im Cache gespeichert. Bei AWS Lambda beispielsweise kann eine Funktionsinstanz mehrere Stunden aufrechterhalten werden. Allerdings ist dies ist eine reine Optimierung, auf die man sich nicht verlassen kann, da sie stark von der zugrunde liegenden Implementierung der Plattform abhängt. Ein Folgeeffekt dieser gelegentlichen Zustandsoptimierung ist eine inkonsistente Leistung oder in anderen Fällen, in denen viel Information im Cache „Zwischengespeichert" wird, führt diese zu einer schlechteren Performance.

4.2.1.2 Anwendungsmodi

Wie bereits erwähnt sind serverlose Anwendung eine Zusammensetzung von Funktionen, die eine Aufgabe ausführen. Anwendungen, die aus Einzelfunktionen zusammengesetzt sind, sind eher selten, stattdessen werden die Daten von vielen voneinander abhängigen Funktionen bearbeitet. Diese voneinander abhängigen Funktionen bilden eine Sequenz. Bei einem Online Shop könnte solch eine Sequenz beispielsweise wie folgt aussehen: Der Benutzer meldet sich in der Anwendung an, klickt dann auf die neuesten Produkte, wählt einige Produkte aus, die dann in den Warenkorb gelegt und schließlich ausgecheckt werden. Dabei führt der Benutzer 4 Funktionen aus: Anmelden, Produkt ansehen, Warenkorbschaltfläche und Auschecken. Diese 4 Funktionen könnten jedoch auch in einer anderen Sequenz ausgeführt werden. Je nachdem welche Funktionen die Anwendung hat wären auch andere Funktionsabläufe möglich.

Ausführungssequenzen spielen bei Serverlosen Anwendungen eine große Rolle bei der Serverleistung. Wenn der Anbieter weiß, in welcher Reihenfolge Funktionen in der Regel ausgeführt werden, also welche Ausführungsmuster typisch sind, kann dieses Wissen für das Design effizienterer Übergänge zwischen den Funktionen und damit für Kostenoptimierungen benutzt werden. Beispielsweise können bekannte gegenseitige Abhängigkeiten von Funktionen dazu benutzt werden, den „Nachfolger"-Funktionen effizient die benötigten Informationen bereitzustellen oder bereits vorzustarten. Für jede Anwendung gibt es bestimmte Ausführungssequenzen, die häufiger vorkommen als andere. Es gibt eine Anzahl N von am häufigsten genutzten Ausführungssequenzen. Die Menge aller dieser Sequenzen sind „Ausführungsmodi".

Diese Modi können vordefiniert werden, das heißt der Entwickler erstellt eine Konfigurationsdatei, die alle für ihn zu erkennenden Ausführungssequenzen beinhaltet, die dann mithilfe von automatisierten Tools vom Anbieter erweitert werden. Die Modi können aber auch innerhalb der Anwendung vom Anbieter aus analysiert werden. Die Ausführungssequenzen bestehen hier aus den Daten, die bei der Benutzung der Anwendung gesammelt werden. Dieser Ansatz ist benutzerfreundlicher, da der Entwickler nicht erst Abhängigkeitsgraphen erstellen muss, in denen sich das Ausführungsmuster widerspiegelt.

Das Erkennen und Implementieren dieser Modi ist bei beiden Ansätzen eine Herausforderung, da beispielsweise vordefinierte Modi von der Realität abweichen können und fehlerhaft sein können. Bei Modi-Sammlungen, die mithilfe von Drittanbietertools erstellt werden, kann es sein, dass viele Ausführungssequenzen erkannt werden und es schwierig, wird die am häufigsten genutzten heraus zu filtern. (H. Shafiei, 2019)

4.2.1.3 Vendor lock-in

Beim Serverless Computing nimmt man im Prinzip die Dienstleistung eines Drittanbieters in Anspruch damit dieser die Server Struktur usw. übernimmt. Das bedeutet jedoch auch das man sich in der Regel für eine Anwendung entscheiden muss.

Wenn man nun von einem Anbieter zum anderen Wechsel möchte oder muss, ist es oft notwendig die operationellen Tools, denn Code und möglicherweise sogar die Architektur im großen Stil zu ändern oder weitläufig zu aktualisieren. Dies wäre mit nicht unerheblichen Kosten und großem Aufwand für den Serverless Anwender verbunden. Deshalb gehört der „Vendor Lock-in" zu einer der größten Nachteile von Serverless.vgl (Roberts, 2018)

4.2.2 Einschränkungen bei der Implementierung

Im Gegensatz zu all den inbegriffenen Einschränkungen sind Implementierungseinschränkungen diejenigen, die für Serverless vorerst problematisch sind, die aber in dem Maße verbessert werden sollten, wie die Serverless-Gemeinschaft Erfahrungen mit der Nutzung dieser neuen Technologien sammelt.

4.2.2.1 Lokale Prüfungen

Die Schwierigkeit des lokalen Testens ist eine der größten Einschränkungen von serverlosen Anwendungsarchitekturen. In einer nicht-serverlosen Welt verfügen Entwickler oft über lokale Analoga von Anwendungskomponenten (wie Datenbanken), die zum Testen integriert werden können, so dass die Anwendung unter ähnlichen Bedingungen wie in der Produktion getestet werden kann. Serverlose Anwendungen können sich natürlich auf Unit-Tests stützen, aber eine realistischere Integration oder End-to-End-Tests sind wesentlich schwieriger.

Die Schwierigkeiten beim lokalen Testen von serverlosen Anwendungen lassen sich auf zwei Arten klassifizieren. Erstens, weil ein Großteil der Infrastruktur innerhalb der Plattform abstrakt ist, kann es schwierig sein, die Anwendungskomponenten auf realistische Weise miteinander zu verbinden und dabei produktionsähnliche Fehlerbehandlungs-, Protokollierungs-, Performance- und Skalierungsmerkmale zu berücksichtigen. Zweitens sind serverlose Anwendungen grundsätzlich verteilt und bestehen aus vielen separaten Teilen, so dass die einfache Verwaltung der unzähligen Funktionen und BaaS-Komponenten selbst lokal eine Herausforderung darstellt.

Anstatt zu versuchen, Integrationstests lokal durchzuführen, werden sie normalerweise aus der Ferne durchgeführt. Dadurch wird die Serverless-Plattform direkt genutzt, obwohl auch das seine Grenzen hat.

4.2.2.2 Cold Starts

Eines der häufigsten Leistungsprobleme wird als „Cold Start" bezeichnet. Auf der AWS Lambda-Plattform bezieht sich dies auf die Instanziierung des Containers, in dem der Code ausgeführt und der Initialisierung des Codes selbst. Diese langsameren „Cold Start" treten auf, wenn eine Lambda-Funktion zum ersten Mal oder nach einer Änderung der Konfiguration aufgerufen wird, eine Lambda-Funktion skaliert, also auf mehrere Instanzen gleichzeitig läuft oder wenn die Funktion seit längerem nicht mehr aufgerufen wurde.

Sobald ein Container instanziiert ist, kann er Events umgehen, ohne denselben Instanziierungs- und Initialisierungsprozess durchlaufen zu müssen. Diese "warmen" Aufrufe der Lambda-Funktion sind viel schneller. Auf der AWS-Lambda-Plattform bleiben regelmäßig verwendete Container stundenlang warm, so dass Kaltstarts in vielen Anwendungen nur selten vorkommen. Bei einer AWS-Lambda-Funktion, die mindestens ein Ereignis pro Sekunde verarbeitet, sollten mehr als 99,99% der Ereignisse von einem warmen Container verarbeitet werden.

Der Unterschied zwischen der "kalten" und der "warmen" Leistung von FaaS-Funktionen macht es schwierig, die Leistung konsistent vorherzusagen.

5 ANWENDUNGSMÖGLICHKEITEN VON SERVERLESS COMPUTING

5.1 NACHRICHTENGESTEUERTE ANWENDUNGEN

Nachrichten gesteuerte Anwendung gehören zu den Event-basierten Architekturen der Software Entwicklung und lassen sich somit gut mit Serverless Computing kombinieren. Die nachrichtengesteuerte Verarbeitung ist eine Technologie, die in einer Client-Server-Umgebung verwendet wird, in der ein Client über einen Message Broker einen Dienst von einer server-seitigen Anwendung anfordert. Der Message Broker sendet dann die Anforderung an die entsprechende Anwendung.

Ein Beispiel hierfür wäre eine Anwendung, bei der Schnell auf UI-Anfragen reagiert werden soll, die ebenfalls all die verschiedenen Arten von Benutzeraktivitäten erfasst, die für eine nachfolgenden Datenabfrage erforderlich sind. Dies wäre zum Beispiel der Fall bei einer Online Anzeigen-Anwendung. Wenn ein Benutzer auf eine Anzeige klickt soll dieser schnellstmöglich zur Zielwebseite, also auf die Seite der Anzeige weitergeleitet werden. Gleichzeitig soll aber die Information, dass der

Benutzer auf die Anzeige geklickt hat an den Werbetreibenden übermittelt werden damit dies in Rechnung gestellt werden kann.

In einer Anwendung mit einer traditionellen Server Architektur antwortet der "Anzeigenserver" auf die Benutzeraktion, den Klick auf die Anzeige und sendet eine "Klick-Nachricht" an einen Nachrichtenkanal (Message Click Chanel). Dies Nachricht wird dann verzögert von einer "Klick-Prozessor"-Anwendung verarbeitet, die eine Datenbank aktualisiert.

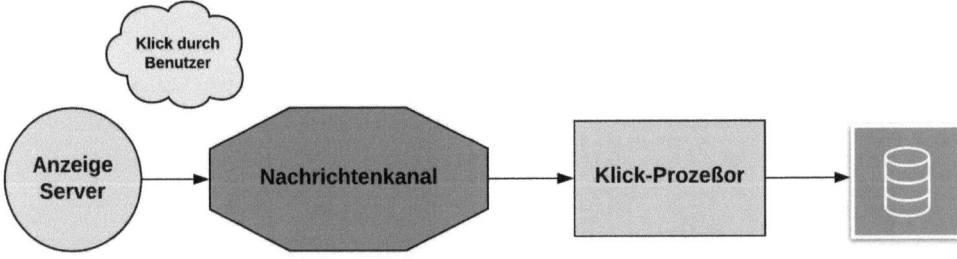

Abbildung 1: Beispiel Nachrichtengesteuerte Anwendung mit traditioneller Serverstruktur

Bei einer Serverless Architektur wird die „Klick Prozessor"-Anwendung durch eine FaaS Funktion ersetzt, welche im ereignisgesteuerten Kontext des Anbieters läuft. Der Serverless Computing Anbieter würde hier sowohl den Message Broker (Nachrichtenkanal) als auch die FaaS-Umgebung bereitstellen, da die die beiden Systeme eng miteinander verbunden sind. Die FaaS-Umgebung kann auch mehrere Nachrichten parallel verarbeiten, indem mehrere Kopien des Funktionscodes instanziiert werden.

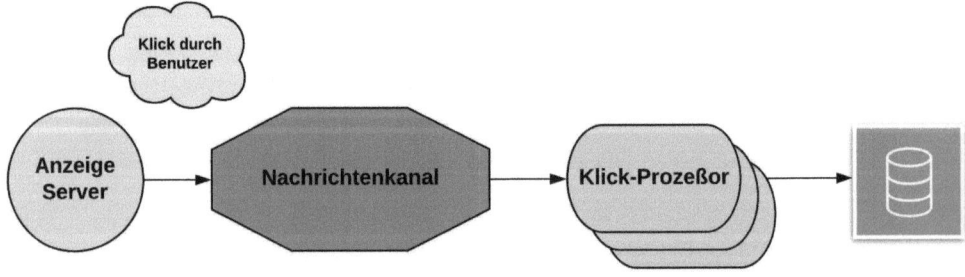

Abbildung 2: Beispiel Nachrichtengesteuerte Anwendung mit Serverless Computing

Die Änderungen an der Anwendung wären recht gering, weshalb Nachrichtengesteuerte Anwendungen ein sehr beliebter Anwendungsfall für Serverless-Technologien sind.

5.2 SINGLE-PAGE APPLIKATION

Bei der Single Page Applikation handelt es sich um eine Webanwendung oder Website, die mit dem Benutzer interagiert, indem die aktuelle Seite dynamisch neu geschrieben wird, anstatt ganze neue Seiten vom Server zu laden. In Kombination mit Serverless wird diese Art der Anwendung häufig genutzt wenn auf mehreren Geräten auf verschiedene Dateitypen zugegriffen wird, wie z.B. Mobiltelefone und PCs, die Bilder, Videos und Textdateien hochladen. In diesen Multimedia-Verarbeitungsszenarien werden oft riesige Mengen von Dateien zur Verarbeitung auf die Server geladen und dort mithilfe von Funktionen weiter bearbeitet.

5.2.1 PhotoVogue

Ein Beispiel einer für eine Single Page Applikation ist die zu Vogue Italia gehörende PhotoVogue. Nach ihrer Einführung 2011 wurde die Plattform sehr schnell populär. Die zu Conde Nast Italia gehörende Online Fotografier Plattform soll es jungen Fotografen ermöglichen ihre Fotos zu präsentieren. Die Bilder werden von der Vogue-Redaktion kuratiert, um die Qualität der Bilder zu sichern, die online gehen.

Innerhalb eines Jahres nahm die Popularität der Anwendung zu und ein explodierender Verkehr überwältigte das in Italien ansässige Unternehmen. Die Entwickler waren auf die Datenflut nicht gefasst die in kurzer Zeit auf die Server einfloss. Dadurch wurde die Nutzererfahrung etwas schleppend, da das bereits vorhandene Backend die Skalierbarkeit einschränkte.

Marco Vigano, Leiter der digitalen Entwicklung bei Conde Nast Italia sah sich gezwungen die Anwendung in kürzester Zeit von einer Datenbank mit lokalem Server auf AWS Lambda zu migrieren. Die schnelle Umstellung von PhotoVogue auf das serverlose System war dringend notwendig, um den Absturz der lokalen Server zu verhindern und die Anwendung zum Erliegen zu bringen.

5.2.2 Die Herausforderungen von PhotoVogue

Derzeit werden Bilder von rund 130.000 Fotografen aus der ganzen Welt gezeigt. Diese Sammlung umfasst mehr als 400.000 Bilder, von denen jedes bis zu 50 MB groß sein kann. Mit der wachsenden Nachfrage wurde die Plattform den Ansprüchen der Benutzer nicht mehr gerecht. Außerdem schränkte die bereits bestehende IT-Infrastruktur das Wachstum der Website ein. Die Notwendigkeit, sowohl den Fotografen als auch den Redakteuren bessere und schnellere Erfahrungen zu bieten, war überhaupt nicht realisierbar. (Amazon, 2020)

5.2.3 Die Lösung

Vigano identifizierte AWS als den geeigneten Cloud-Anbieter, der den Anforderungen des Unternehmens entsprach und ihm eine Lösung bot. AWS bot flexible Skalierbarkeit, einfache Wartung und Kosteneffektivität im Vergleich zur bereits vorhandene physischen Infrastruktur, die PhotoVogue unterstützte. Gegenwärtig verwendet PhotoVogue den Amazon Simple Storage Service (Amazon S3) zur Speicherung all seiner Fotos, wobei seine Fähigkeit, eine URL zu generieren, es den Benutzern ermöglichte, ihre Fotos schnell hochzuladen.

Der Grund, warum Sich FaaS für diesen Anwendungsfall lohnte, war, dass von Amazon S3 aus eine AWS-Lambda-Funktion ausgelöst wird, die das hochgeladene Bild automatisch in mehrere digitale Formate - wie GIF, JPEG, PNG und TIFF - konvertiert und die Bearbeitung der Bilder durch PhotoVogue-Mitarbeiter ermöglicht.

5.2.4 Die Vorteile

Laut dem Leiter der digitalen Entwicklung von PhotoVogue ist mit Amazon API Gateway und AWS Lambda die Benutzererfahrung bis zu 90% schneller. Das gilt sowohl für Fotografen, die Bilder hochladen, als auch für das Redaktionsteam, das diese bearbeitet.

Weitere Vorteile die sich ergeben sind laut Marco Viagano, Leiter der digitalen Entwicklung:

- Die schnellere Bereitstellung von Ressourcen unterstützt das Wachstum. "Mit der traditionellen Infrastruktur würde der Aufbau Tage dauern, was jetzt in Stunden erledigt werden kann. Die IT hält das Geschäft nicht länger auf, wir können sogar schneller wachsen".
- Einsparungen erzielen, Innovationen ermöglichen, Einnahmen steigern. "Wir haben die IT-Kosten um etwa 30% gesenkt. Früher haben wir mehr Zeit für die Wartung der Infrastruktur aufgewendet, die jetzt drastisch zurückgegangen ist, und so können wir neue Dienste erforschen"-
- Erfolgreiche Veranstaltungen förderten die Online-Plattform weiter. Im November 2016 hielt PhotoVogue eine Veranstaltung in Mailand ab. "Während der Veranstaltung erlebten wir etwa 20% mehr Uploads als der normale tägliche Verkehr, und wir haben uns nahtlos darum gekümmert."

6 ZUSAMMENFASSUNG

Man kann durchaus sagen, dass das wichtigste gemeinsame Thema bei Serverless Computing die Tatsache ist, dass keine eigenen Server-Hosts oder Server-Prozesse verwaltet werden müssen. Serverless bedeutet nicht, dass die Server weg sind, sondern dass man als Entwickler einer Anwendung sich nicht mehr um sie kümmern müssen.

Das ist bei weitem die größte Änderung im Hinblick auf viele andere Arten der Software-Bereitstellung, aber es gibt noch andere. Im Folgenden eine Auflistung, was im Allgemeinen die wichtigsten Definitionskriterien einer serverlosen Technologie sind, sei es im Bereich von „Backend as a Service" oder „Functions as a Service". Es gibt keinen "Standardisierungsausschuss" zur Untermauerung dieser Erkenntnisse.

Ein serverloser Dienst:

- Erfordert keine Verwaltung einer langlebigen Host- oder Anwendungsinstanz
- Selbsttätige Auto-Skalierung und Auto-Provision von Ressourcen, abhängig von der Last
- Hat Kosten, die auf der präzisen Nutzung basieren, aufwärts und abwärts bis zur Null-Nutzung
- Verfügt über Leistungskapazitäten, die anders definiert sind als Host-Größe/Anzahl
- Hat implizit hohe Verfügbarkeit

7 FAZIT

Die Frage, die in dieser Arbeit beantwortet werden soll, ist: „Serverless Computing: Wofür braucht man das und wofür eignet es sich eher nicht?"

Für viele Event und Nachrichten basierte Anwendungen eignen sich Serverless Computing Plattformen. Serverless ist ebenfalls eine gute Möglichkeit schnelle, günstige und flexible Systeme zu bauen, die schon per Default keine Skalierungsgrenzen kennen. Dies ist besonders in der Webentwicklung ein großer Vorteil.

Jedoch eignet sich Serverless oft nicht für Anwendungen, die explizit an einer Stelle gesteuert werden. Auch ist man eventuell durch den Anbieter in seinen Möglichkeiten als Entwickler eingeschränkt. Sei es aufgrund der Programmiersprache, die der Anbieter unterstützt, oder der

Infrastruktur. Beispielsweise wenn mit AWS Lambda gearbeitet wird, sind die einzigen serverlosen Datenbanken, die verwendet werden können, DynamoDB oder Serverless Aurora. Anwendungen, die eine sehr konstante Arbeitslast haben, profitieren weniger durch Serverless als solche, die mit stark schwankenden Datenlasten arbeiten müssen. Vor der Verlagerung von Code von einer monolithischen Serverstruktur auf eine serverlose Plattform sollte überlegt werden, ob die massiven Skalierbarkeits- und On-Demand-Ausführungsfunktionen von Serverless tatsächlich von Nutzen sein werden. Serverlos bietet zwar viele wichtige Vorteile, aber es ist kein Allheilmittel für jede Art von Problemen bei der Anwendungsbereitstellung.

8 LITERATURVERZEICHNIS

Amazon. 2020. aws. *PhotoVogue Case Study.* [Online] 20. 08 2020.
https://aws.amazon.com/de/solutions/case-studies/photovogue/.

Amazon. aws.amazon. *Funktionen von AWS Lambda:.* [Online] [Zitat vom: 28. 07 2020.]
https://aws.amazon.com/de/lambda/features.

Azure Microsoft. 2020. Azure Microsoft. *Introducing Azure Functions.* [Online] 03. 08 2020.
https://azure.microsoft.com/de-de/blog/introducing-azure-functions.

Chaudhary S. 2017. Chaudhary S., Somani G., Buyya R, Serverless Computing: Current Trends and
Open Problems. *Research Advances in Cloud Computing.* Singapore : Springer, 2017, S. 1-20.

cloudflare. 2020. https://www.cloudflare.com. *https://www.cloudflare.com/learning/serverless/.*
[Online] 2020. https://www.cloudflare.com/learning/serverless/why-use-serverless/.

Google. 2020. Cloud Functions – Übersicht: in: Google Cloud. *Google Cloud.* [Online] 15. 07 2020.
[Zitat vom: 28. 07 2020.] https://cloud.google.com/functions/docs/concepts/overview.

H. Shafiei. 2019. H. Shafiei, Member, IEEE, , A. Khonsari, and P. Mousavi.
https://www.researchgate.net/.
*https://www.researchgate.net/publication/337019459_Serverless_Computing_Opportunities_and_C
hallenges.* [Online] November 2019.
https://www.researchgate.net/publication/337019459_Serverless_Computing_Opportunities_and_C
hallenges.

Jamieson, Frazer. 2017. https://www.bcs.org/. *https://www.bcs.org/content-hub/.* [Online] 02. 10
2017. https://www.bcs.org/content-hub/losing-the-server/.

Rafal Gancarz. 2020. https://techbeacon.com/. *https://techbeacon.com/enterprise-it.* [Online] 05 01,
2020. https://techbeacon.com/enterprise-it/economics-serverless-computing-real-world-test.

Riley, Chris. 2018. blog.runscope. *blog.runscope :posts.* [Online] 10 04, 2018.
https://blog.runscope.com/posts/why-you-might-not-need-serverless.

Roberts. 2018. Roberts, Mike, martinFowler. *Serverless Architectures.* [Online] 22. Mai 2018. [Zitat
vom: 14. 07 2020.] https://martinfowler.com/articles/serverless.html.

Röwekamp, Lars. 2017. https://www.heise.de/developer/artikel/Serverless-Computing-Teil-1-
Theorie-und-Praxis-3756877.html. *https://www.heise.de.* [Online] 04. 07 2017.
https://www.heise.de/developer/artikel/Serverless-Computing-Teil-1-Theorie-und-Praxis-
3756877.html.

Zhang, Leona. 2020. DZone. *4 Use Cases of Serverless Architecture.* [Online] 20. 08 2020.
https://dzone.com/articles/4-use-cases-of-serverless-architecture.

9 ABBILDUNGSVERZEICHNIS